2020 September

Sunday	Monday	Tuesday	Wednesday	Thursday	Friday	Saturday
30	31	1	2	3	4	5
6	7 Labor Day	8	9	10	11	12
13 Grandparents Day	14	15	16	17	18 Rosh Hashanah begins at sundown	19
20	21 International Day of Peace	22	23	24	25	26
27 Yom Kippur begins at sundown	28 Queen's Birthday (WA Australia)	29	30	1	2	3

2020 October

Sunday	Monday	Tuesday	Wednesday	Thursday	Friday	Saturday
27	28	29				
4	5 Labour Day (ACT, NSW & SA Australia) Queen's Birthday (QLD Australia)	6	7	8	9	10
11	12 Columbus Day Indigenous Peoples' Day Thanksgiving (Canada)	13	14	15	16	17
18	19	20	21	22	23	24
25	26 Labour Day (New Zealand)	27	28 Mawlid an-Nabi begins at sundown	29	30	31 Halloween

2020 November

Sunday	Monday	Tuesday	Wednesday	Thursday	Friday	Saturday
1 Daylight Saving Time ends at 2:00 a.m. (US & Canada)	2	3 Election Day	4	5	6	7
8	9	10	11 Veterans Day Remembrance Day (Canada)	12	13	14
15	16	17	18	19	20	21
22	23	24	25	26 Thanksgiving	27	28
29	30	1	2	3	4	5

2020 December

Sunday	Monday	Tuesday	Wednesday	Thursday	Friday	Saturday
29	30	1	2	3	4	5
6	7	8	9	10 Hanukkah begins at sundown	11	12
13	14	15	16	17	18	19
20	21	22	23	24	25 Christmas	26 Kwanzaa begins Boxing Day
27	28	29	30	31	1	2

Blessed is HE who comes in the name of the Lord

Sunday	Monday	Tuesday	Wednesday	Thursday	Friday	Saturday
December S M T W T F S 1 2 3 4 5 6 7 8 9 10 11 12 13 14 15 16 17 18 19 20 21 22 23 24 25 26 27 28 29 30 31	February S M T W T F S 1 2 3 4 5 6 7 8 9 10 11 12 13 14 15 16 17 18 19 20 21 22 23 24 25 26 27 28	29	30	31	1 New Year's Day	2
3	4 Bank Holiday (Scotland & New Zealand)	5	6	7	8	9
10	11	12	13	14	15 Martin Luther King Jr.'s Birthday	16
17	18 Martin Luther King Jr. Day	19	20	21	22	23
24 31	25	26 Australia Day (Australia)	27	28	29	30

February

Sunday	Monday	Tuesday	Wednesday	Thursday	Friday	Saturday
31	1	2	3	4 *Tele me @ 11:15*	5	6 **Waitangi Day (New Zealand)**
7	8 *Surgery Date*	9	10	11	12 **Lunar New Year** **Lincoln's Birthday**	13
14 **Valentine's Day**	15 **Presidents Day** **Family Day (Canada)**	16	17 **Ash Wednesday**	18	19	20
21	22 **Washington's Birthday**	23	24	25	26	27
28	1	2	3	4		

January

S	M	T	W	T	F	S
					1	2
3	4	5	6	7	8	9
10	11	12	13	14	15	16
17	18	19	20	21	22	23
24/31	25	26	27	28	29	30

March

S	M	T	W	T	F	S
	1	2	3	4	5	6
7	8	9	10	11	12	13
14	15	16	17	18	19	20
21	22	23	24	25	26	27
28	29	30	31			

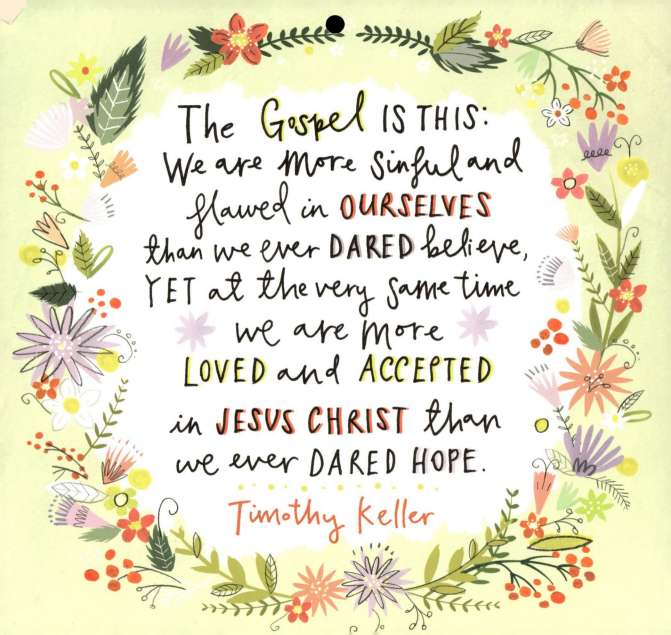

The Gospel IS THIS:
We are more sinful and
flawed in OURSELVES
than we ever DARED believe,
YET at the very same time
we are more
LOVED and ACCEPTED
in JESUS CHRIST than
we ever DARED HOPE.

Timothy Keller

2021 March

Sunday	Monday	Tuesday	Wednesday	Thursday	Friday	Saturday
28	1 Labour Day (WA Australia)	2	3	4	5	6
7	8 Labour Day (VIC Australia)	9	10 Lailat al-Miraj begins at sundown	11	12	13
14 Daylight Saving Time begins at 2:00 a.m. (US & Canada)	15	16	17 St. Patrick's Day	18	19	20
21	22	23	24	25	26	27 Passover begins at sundown
28 Palm Sunday	29	30	31	1		

February

S	M	T	W	T	F	S
	1	2	3	4	5	6
7	8	9	10	11	12	13
14	15	16	17	18	19	20
21	22	23	24	25	26	27
28						

April

S	M	T	W	T	F	S
				1	2	3
4	5	6	7	8	9	10
11	12	13	14	15	16	17
18	19	20	21	22	23	24
25	26	27	28	29	30	

Rejoice in the LORD ALWAYS

2021 April

Sunday	Monday	Tuesday	Wednesday	Thursday	Friday	Saturday
March S M T W T F S 1 2 3 4 5 6 7 8 9 10 11 12 13 14 15 16 17 18 19 20 21 22 23 24 25 26 27 28 29 30 31	**May** S M T W T F S 1 2 3 4 5 6 7 8 9 10 11 12 13 14 15 16 17 18 19 20 21 22 23/30 24/31 25 26 27 28 29	30	31	1	2 Good Friday	3
4 Easter	5 Easter Monday Bank Holiday (Eng., Wales, N. Ire., Austral., NZ)	6	7	8	9	10
11	12 Ramadan begins at sundown	13	14	15	16	17
18	19	20	21	22 Earth Day	23	24
25 Anzac Day (Australia & New Zealand)	26	27	28	29	30	1

Sunday	Monday	Tuesday	Wednesday	Thursday	Friday	Saturday
April S M T W T F S 1 2 3 4 5 6 7 8 9 10 11 12 13 14 15 16 17 18 19 20 21 22 23 24 25 26 27 28 29 30	June S M T W T F S 1 2 3 4 5 6 7 8 9 10 11 12 13 14 15 16 17 18 19 20 21 22 23 24 25 26 27 28 29 30	27	28	29	30	1
2 Orthodox Easter	3 Bank Holiday (United Kingdom) Labour Day (QLD Australia)	4	5	6	7	8
9 Mother's Day	10	11	12	13 Eid al-Fitr begins at sundown	14	15
16	17	18	19	20	21	22
23 30 Traditional Memorial Day	24 Victoria Day (Canada) Memorial Day Observed Spring Bank Holiday (United Kingdom) 31	25	26	27	28	29

2021 June

Sunday	Monday	Tuesday	Wednesday	Thursday	Friday	Saturday
30	31	1	2	3	4	5
6	7 Queen's Birthday (New Zealand)	8	9	10	11	12
13	14 Flag Day Queen's Birthday (Australia exc. QLD & WA)	15	16	17	18	19
20 Father's Day	21	22	23	24 St. Jean Baptiste Day (Canada)	25	26
27	28	29	30	1		

May

S	M	T	W	T	F	S
						1
2	3	4	5	6	7	8
9	10	11	12	13	14	15
16	17	18	19	20	21	22
23/30	24/31	25	26	27	28	29

July

S	M	T	W	T	F	S
				1	2	3
4	5	6	7	8	9	10
11	12	13	14	15	16	17
18	19	20	21	22	23	24
25	26	27	28	29	30	31

We must imitate his life and his ways if we are to be

TRULY ENLIGHTENED

and set free from the darkness of our own hearts.

—THOMAS À KEMPIS

Sunday	Monday	Tuesday	Wednesday	Thursday	Friday	Saturday
June S M T W T F S 1 2 3 4 5 6 7 8 9 10 11 12 13 14 15 16 17 18 19 20 21 22 23 24 25 26 27 28 29 30	**August** S M T W T F S 1 2 3 4 5 6 7 8 9 10 11 12 13 14 15 16 17 18 19 20 21 22 23 24 25 26 27 28 29 30 31	29	30	1 Canada Day (Canada)	2	3
4 Independence Day	5	6	7	8	9	10
11	12	13	14	15	16	17
18	19 Eid al-Adha begins at sundown	20	21	22	23	24
25	26	27	28	29	30	31

2021 August

Sunday	Monday	Tuesday	Wednesday	Thursday	Friday	Saturday
1	2 Civic Holiday (Canada) Summer Bank Holiday (Scotland)	3	4	5	6	7
8	9 Islamic New Year begins at sundown	10	11	12	13	14
15	16	17	18	19	20	21
22	23	24	25	26	27	28
29	30 Summer Bank Holiday (Eng., Wales, N. Ire.)	31	1	2		

July

S	M	T	W	T	F	S
				1	2	3
4	5	6	7	8	9	10
11	12	13	14	15	16	17
18	19	20	21	22	23	24
25	26	27	28	29	30	31

September

S	M	T	W	T	F	S
			1	2	3	4
5	6	7	8	9	10	11
12	13	14	15	16	17	18
19	20	21	22	23	24	25
26	27	28	29	30		

Delight *to* SHOW MERCY

2021 September

Sunday	Monday	Tuesday	Wednesday	Thursday	Friday	Saturday
August S M T W T F S 1 2 3 4 5 6 7 8 9 10 11 12 13 14 15 16 17 18 19 20 21 22 23 24 25 26 27 28 29 30 31	October S M T W T F S 1 2 3 4 5 6 7 8 9 10 11 12 13 14 15 16 17 18 19 20 21 22 23 24/31 25 26 27 28 29 30	31	1	2	3	4
5	6 Labor Day Rosh Hashanah begins at sundown	7	8	9	10	11
12 Grandparents Day	13	14	15 Yom Kippur begins at sundown	16	17	18
19	20	21 International Day of Peace	22	23	24	25
26	27 Queen's Birthday (WA Australia)	28	29	30	1	2

Consider what you owe
to His immutability.
Though you have changed
a thousand times,
He has not changed once.

Charles Spurgeon

2021 October

Sunday	Monday	Tuesday	Wednesday	Thursday	Friday	Saturday
September S M T W T F S 1 2 3 4 5 6 7 8 9 10 11 12 13 14 15 16 17 18 19 20 21 22 23 24 25 26 27 28 29 30	**November** S M T W T F S 1 2 3 4 5 6 7 8 9 10 11 12 13 14 15 16 17 18 19 20 21 22 23 24 25 26 27 28 29 30	28	29	30	1	2
3	4 Labour Day (ACT, NSW & SA Australia) Queen's Birthday (QLD Australia)	5	6	7	8	9
10	11 Columbus Day Observed Indigenous Peoples' Day Thanksgiving (Canada)	12 Traditional Columbus Day	13	14	15	16
17	18 Mawlid an-Nabi begins at sundown	19	20	21	22	23
24 / 31 Halloween	25 Labour Day (New Zealand)	26	27	28	29	30

2021 November

Sunday	Monday	Tuesday	Wednesday	Thursday	Friday	Saturday
31	1	2	3	4	5	6
		Election Day				
7	8	9	10	11	12	13
Daylight Saving Time ends at 2:00 a.m. (US & Canada)				Veterans Day Remembrance Day (Canada)		
14	15	16	17	18	19	20
21	22	23	24	25	26	27
				Thanksgiving		
28	29	30	1	2		
Hanukkah begins at sundown						

October

S	M	T	W	T	F	S
					1	2
3	4	5	6	7	8	9
10	11	12	13	14	15	16
17	18	19	20	21	22	23
24/31	25	26	27	28	29	30

December

S	M	T	W	T	F	S
			1	2	3	4
5	6	7	8	9	10	11
12	13	14	15	16	17	18
19	20	21	22	23	24	25
26	27	28	29	30	31